LE TEMPLE DU GOUST.

COMEDIE.

NOUVEAU THEATRE ITALIEN.

LE TEMPLE DU GOUST.

Comedie en un Acte.

Representée pour la premiere fois par les Comediens Italiens ordinaires du Roi le 11. Juillet 1733.

A PARIS,
Chez BRIASSON, ruë Saint Jacques, à la Science.

MDCCXXXIII.

Avec Approbation & Privilege du Roi.

APPROBATION.

J'AY lû par ordre de Monseigneur le Garde des Sceaux, *Le Temple du Goût, Comedie en un Acte, avec un Divertissement*. Suite du Nouveau Théatre Italien. Fait à Paris ce 18. Juillet 1733.

DANCHET.

PRIVILEGE DU ROI.

LOUIS, par la grace de Dieu, Roi de France & de Navarre: A nos amez & feaux Conseillers, les Gens tenans nos Cours de Parlement, Maîtres des Requêtes ordinaires de notre Hôtel, Grand Conseil, Prevôt de Paris, Baillifs, Sénéchaux, leurs Lieutenans Civils, & autres nos Justiciers qu'il appartiendra; SALUT. Notre bien amé HENRY-SIMON-PIERRE-GISSEY, Imprimeur & Libraire à Paris, Nous ayant fait remontrer qu'il lui auroit été mis en main un Manuscrit, qui a pour titre: *Nouveau Théatre Italien*, qu'il souhaiteroit imprimer ou faire imprimer & donner au Public, s'il nous plaisoit lui accorder nos Lettres de Privilége sur ce nécessaires, offrant pour cet effet de l'imprimer, ou faire imprimer en bon papier & beaux caractéres, suivant la feuille imprimée & attachée pour modéle sous le contre-scel des présentes; A CES CAUSES, voulant traiter favorablement ledit Exposant, Nous lui avons permis & permettons par ces Présentes, d'imprimer, ou faire imprimer lesdits Ouvrages ci-dessus specifiés, en un ou plusieurs volumes, conjointement, ou séparément, & autant de fois que bon lui semblera, sur papier & caractéres conformes à ladite feuille imprimée & attachée pour modéle sous notredit contre-scel, & de le vendre, faire vendre & débiter par tout notre Royaume, pendant le tems de *huit années* consecutives, à compter du jour de la date desd. Présentes. Faisons défenses à toutes sortes de personnes de quelque qualité & condition qu'elles soient, d'en introduire d'impression étrangére dans aucun lieu de notre obéïssance; comme aussi à tous Libraires-Imprimeurs & autres, d'imprimer, faire imprimer, vendre, faire vendre, débiter, ni contrefaire ledit Ouvrage ci-dessus exposé, en tout ni en partie, ni d'en faire aucuns Extraits, sous quelque prétexte que ce soit, d'augmentation, correction, changement de Titre, ou autrement, sans la permission expresse & par écrit dudit Exposant ou de ceux qui auront droit de lui, à peine de confiscation des Exemplaires contrefaits, de trois mille livres d'amende contre chacun des contrevenans, dont un tiers à Nous, un tiers à l'Hôtel-Dieu de Paris, l'autre tiers audit Exposant, & de tous dépens, dommages & interêts. A la charge que ces Présentes seront enregistrées tout au long sur le Registre de la Communauté des Libraires & Imprimeurs de Paris, dans trois mois de la date d'icelles, que l'impression de ce Livre sera faite dans notre Royaume & non ailleurs, & que l'Impetrant se conformera en tout aux Réglemens de la Librairie, & notamment à celui du 10. Avril 1725. & qu'avant de l'exposer en vente, le manuscrit ou imprimé qui aura servi de copie à l'impression dudit Livre sera remis dans le même état où l'Approbation y aura été donnée, ès mains de notre très-cher & feal Chevalier Garde des Sceaux de France le sieur Chauvelin, Commandeur de nos Ordres; & qu'il en sera remis deux exemplaires dans notre Bibliotheque publique, un dans celle de notre Château du Louvre, & un dans celle de notre très-cher & feal Chevalier Garde des Sceaux de France le Sr. Chauvelin, Commandeur de nos Ordres; le tout à peine de nullité des Présentes; du contenu desquelles vous mandons & enjoignons de faire jouir l'Exposant ou ses ayans cause pleinement & paisiblement, sans souffrir qu'il leur soit fait aucun trouble ou empêchement. Voulons que la copie desdites Présentes qui sera imprimée tout au long au commencement ou à la fin dudit Livre soit tenue pour dûëment signifiée, & qu'aux copies collationnées par l'un de nos amez & féaux Conseillers & Secretaires, foi soit ajoutée comme à l'original. COMMANDONS au premier notre Huissier ou Sergent, de faire pour l'exécution d'icelles, tous Actes requis & nécessaires, sans demander autre permission, & nonobstant Clameur de Haro, Charte Normande, & Lettres à ce contraires: CAR tel est notre plaisir. DONNE' à Paris le dix-septiéme jour du mois de Décembre, l'an de Grace mil sept cens vingt-huit, & de notre Regne le quatorziéme. Par le Roi en son Conseil.

S. HILAIRE.

J'ai cedé à Monsieur Briasson, Libraire A Paris, le present Privilege, suivant les conventions faites entre nous. A Paris ce 20. Décemb. 1728.

GISSEY.

Registré, ensemble la cession, sur le Registre VII. de la Chambre Royale des Libraires & Imprimeurs de Paris, No. 284. Fo. 239. conformément aux anciens Réglemens confirmez par celui du 28. Février 1723. A Paris le 22. Decembre 1728.

COIGNARD, *Syndic.*

De l'Imprimerie de GISSEY.

On trouve dans la même Boutique les Pieces suivantes, que M. Romagnesi a composé seul ou en Societé.

LE TEMPLE DE LA VERITE'.

ARLEQUIN HULLA ET LA REVUE DES THEATRES.

ARCAGAMBIS.

LES DEBUTS.

LES AMUSEMENS A LA MODE.

DIVERSES PARODIES.

Toutes ces Pieces se trouvent dans le Recueil du Nouveau Theatre Italien, avec les airs des Vaudevilles in-12. 8. vol. & dans celui des Parodies avec les airs in-12. 3. vol. qui se vendent l'un & l'autre chez le même Libraire.

Autres Comedies nouvellement imprimées.

LEQUATRE SEMBLABLES.

L'HYVER.

LES ENFANS TROUVEZ.

ACTEURS.

LE GOUST.

LE FAUX GOUST.

LA CRITIQUE.

UN HABITANT DU TEMPLE.

L'ESPRIT.

LE BON SENS.

ARLEQUIN.

DANSEURS ET DANSEUSES.

LE TEMPLE DU GOUST.

SCENE PREMIERE.

Le Theatre represente un Temple mal construit.

LA CRITIQUE, UN HABITANT.

LA CRITIQUE.

Que vois-je? en quel état retrouvai-je
ce Temple?
Je n'en reconnois plus la structure....
ah grands Dieux!
Quel changement blesse mes yeux!
Plus je parcours, plus je contemple
Et plus je me perds en ces lieux.
Qu'est devenu le Goût?

L'HABITANT.

Critique, il est aux Cieux;
Depuis long-tems le maître du tonnerre,
Pour donner une fête au gré de ses desirs,
Du Dieu du Goût prive la terre,
Je l'ai vû s'envoler avec les vrais plaisirs.

LA CRITIQUE.

Jupiter, n'en déplaise à sa grandeur suprême,
Feroit bien mieux de veiller nuit & jour
Sur les mortels, sur leur foiblesse extrême
Que de donner des fêtes à sa Cour.
Mais encore une fois, par quel nouveau systême
A-t-on détruit ce beau séjour?

L'HABITANT.

Je vous le demande à vous-même,
La Critique devroit en sçavoir les raisons.

LA CRITIQUE.

Non, elles me sont inconnuës.

L'HABITANT.

De la porte du Temple, & de ses avenuës,
Vous disposez dans toutes les saisons,
Et nul mortel ne peut entrer dans cette enceinte,
Que vous n'ayez par vos soins vigilans
Examiné sans fard & sans contrainte,
Ou son génie, ou ses talens.

LA CRITIQUE.

Oui; c'étoit autrefois l'ordinaire pratique.

Guidés par des vertus qui couvroient leurs défauts
Mille aspirans entouroient la Critique,
Et si je leur livrois quelques petits assauts
Ils relevoient l'éclat de leur panegirique;
Mais depuis quelque tems mille esprits Ostrogots,
Ont tellement inondé le Portique,
Que pour me soustraire à leurs flots,
J'ai disparu; c'est la ressource unique
Qu'on puisse avoir contre les sots.

L'HABITANT.

Fort bien; & qui donc je vous prie,
En vôtre absence, a pû vous remplacer?

LA CRITIQUE.

Ma cadette, la raillerie.
A-t-elle eu de quoi s'exercer?

L'HABITANT.

Pour le coup il faut que j'en rie.
Ah! la rusée!

LA CRITIQUE.

Eh, qu'a-t-elle donc fait?

L'HABITANT.

Vous le voyez.

LA CRITIQUE.

Quoi la traitresse
A causé ce desordre?

L'HABITANT.

Eh, mais ... pas tout-à-fait.
Pour le cauſer elle a trop de fineſſe ;
Elle l'a ſeulement ſouffert.

LA CRITIQUE.

Ma penetration s'y perd ;
Expliquez-vous ?

L'HABITANT.

Voici l'hiſtoire.
Dans le Temple du Goût on vit ces jours paſſés
Arriver un génie environné de gloire,
Ses regards ſatisfaits annonçoient ſa victoire ;
Sur des eſprits fameux, qu'il avoit terraſſez ;
Il ſembloit mépriſer ce qu'on en pouvoit croire,
Il le croyoit : pour lui, c'en étoit bien aſſez.
Votre maligne ſœur l'obſerve,
Et court à lui d'un viſage attrayant.
Parcourés ces lieux ſans reſerve,
Lui dit-elle, *l'éclat de votre nom bruyant ;*
Ici, par Echo ſe conſerve,
Et du couchant à l'Orient
Phœbus n'éclaire point une ſemblable verve.
Elle le flatte tant qu'il la prend pour Minerve ;
Et lui rend grace en ſouriant.
Je remarque ici bien des choſes,
Qui pourroient être beaucoup mieux,
Dit-il, & je veux en ces lieux

Faire quelques Metamorphoses.
Vous pouvez changer les destins
De tous les habitans des beaux lieux où vous êtes.
Que faites vous de tous ces vieux Poëtes,
Tant François, que Grecs & Latins?
Le Goût les adopta, par pure complaisance;
Apollon lui parla pour eux....
Ah! voici les Muses je pense,
Oüi, je les reconnois à leur air doucereux;
Celle de la Musique & celle de la Danse
Doivent ceder le pas à des sujets heureux
Que je vous amene de France,
Et que je vais placer dans ce Temple fameux.
Commençons d'abord par détruire
Un arrangement affecté.
Je veux que tout ici respire
Un certain air de liberté,
Et que sur tout la volupté
Preside à cet heureux Empire.
Qu'un gracieux desordre en fasse la beauté;
Que les Arts confondus forment un groupe aimable,
(C'est dans le groupe au moins que consiste le goût)
Et que sans cesse en ce Temple agréable
Chanteuse au gozier délectable
Roule sa voix de l'un à l'autre bout,
Tandis que Danseuse admirable

Capriolant brochera sur le tout.
Comment cela doit faire un fort joli mélange,
Lui répond votre bonne sœur,
De la façon dont tout ceci s'arrange,
A fort bon droit, vous faites le censeur;
Un sot auroit voulu par différentes classes
Distinguer les beaux Arts des frivoles talens;
Mais vous.... Ne vois-je pas les graces,
Qu'en faites-vous?... *Dans vos écrits galans*
Le Goût leur a marqué leurs places.
Je lui suis obligé; mais j'aimerois bien mieux
Qu'il plaçât dans ce Temple une Laïs charmante
Et qu'un celebre Auteur nous vante
Dans un Ouvrage merveilleux;
A la Croix d'or, ce chef-d'œuvre est en vente.
Que vos soins sont officieux,
Et que cette notte est sçavante!
Elle sert de fanal à tous les curieux
Amateurs d'Histoire Galante;
En effet je crois qu'en ces lieux
Votre Laïs fera figure fort décente.
Alors dans tous les Arts voulant s'initier
Il mutile, retranche, apostrophe, dégrade;
Accable l'un d'un trait grossier,
Et donne à l'autre une loüange fade.
Enfin si l'on s'en tient à sa décision
Tout ce qu'on a pensé des plus grands hom-
mes

Tant des ſiecles paſſez que du temps où nous
ſommes ;
N'eſt qu'une pure viſion.

LA CRITIQUE.

Ah ! ſi je le tenois . . .

L'HABITANT.

Vous ſerés ſatisfaite,
Il doit revenir aujourd'hui,
Et nous amener avec lui,
D'admirables ſujets, une troupe complette.
Parmi ce nombre il en eſt ſûrement,
De très-dignes d'orner & d'enrichir ce Temple.
Mais ils dédaigneroient d'en faire l'ornement,
A celui de Memoire, ils doivent un exemple,
Ils y ſeront placez plus noblement,

Il ſort.

On entend une Simphonie.

LA CRITIQUE.

Le Dieu du Goût arrive & cette Simphonie
M'annonce ſon heureux retour ;
Il ne ſe ſert en ce ſéjour
Que de la plus ſimple harmonie.
Il eſt ennemi du fracas.
Les Violons, les Fluttes, les Muſettes
Sont les ſeuls inſtrumens dont il faſſe grand cas ;
Et ſelon lui, Timballes & Trompettes
Ne furent jamais faites
Que pour bruire aux Concerts ou bien aux
Operas.

La Simphonie acheve l'air.

SCENE II.

LE GOUST, LA CRITIQUE.

LA CRITIQUE.

VOus voilà bien ſurpris, Seigneur?

LE GOUST.

Moi! je vous jure
Que je ne le ſuis point.

LA CRITIQUE.

Mais, mais... vous m'étonnez!
Regardez donc.

LE GOUST.

J'ay vû.

LA CRITIQUE.

Tournez les yeux, tournez;

LE GOUST.

Je ſuis inſtruit de l'avanture,
La Renommée aux cieux m'a déja mis au fait.

LA CRITIQUE.

Que dites-vous du changement barbare
Que dans votre Temple on a fait?

LE GOUST.

Je dis qu'il eſt aſſez bizarre.
Mais l'Architecte ingenieux
Qui m'a conſtruit ce Domicile
Apparamment ne pouvoit faire mieux;
Il faut s'en contenter.

LA CRITIQUE.

Vous êtes bien docile!
Je vous croyois plus difficile.

LE GOUST.

Non je me prête a sa raison.
Pour le Temple du Goût, un bâtiment Gothique
N'auroit point été de saison.
L'ordre Toscan, l'ordre Jonique
Le Composite, le Dorique,
Non plus que le Corinthien,
N'ont rien qui le flatte ou le pique;
Ainsi pour me loger il n'avoit qu'un moyen
C'étoit de faire un Temple où l'on ne comprit rien.

LA CRITIQUE.

Que ne le laissoit-il dans sa forme ordinaire?
Pouvez-vous voir sans en être confus,
Vos plus chers favoris chassez du sanctuaire?

LE GOUST.

Il a voulu corriger des abus
Que j'ai commis par faute de lumiere.

LA CRITIQUE.

Vous m'impatientez ...

LE GOUST.

Ne vous emportés plus,
Vous allez en ces lieux bientôt vous reconnoître.
Autrefois ils vous contentoient,
S'ils ne sont comme ils doivent être,
Vous les verrés du moins comme ils étoient.

LA CRITIQUE.

Il ne m'en faut pas d'avantage.

Le Temple change, & paroît orné des Statuës des grands Hommes, & des Femmes Illustres dans les Belles-Lettres.

LA CRITIQUE.

Oüi, je reconnois votre ouvrage
Je vois, avec ravissement,
Les principaux nourissons du Parnasse
Occuper dignement leur place.

LE GOUST.

Introduisez en ce moment
Ceux qui me demandent azile;
Ne soyés pas sur-tout trop difficile.

LA CRITIQUE.

Ah! j'entrevois votre dessein.
A leurs dépens vous voulez un peu rire.

LE GOUST.

Le Dieu du Goût ne fut jamais malin.
Je veux examiner.

LA CRITIQUE.

Je vous entens, beau Sire,
Souvent votre examen vaut bien une Satire.

Elle sort.

SCENE III.

LE GOUST *seul.*

QU'avec transport je vous revois,
Respectables mortels, dont le divin genie,
D'une ravissante harmonie,
Nous dicta les premieres loix!
Peres de nos plaisirs, sources de nos lumieres,
Vous qu'on ensevelit dans un oubli cruel,
Consolés-vous du mépris solemnel
Dont vous accablent vos Confreres.
Malgré leurs censures severes
Dans le Temple du Goût vous avez un autel.
Quelle est la belle qui s'écrie?

SCENE IV.

LE GOUST, L'ESPRIT, LE BON SENS.

L'ESPRIT *representé par Silvia.*

NE me suivés pas, je vous prie;
Votre presence excite mon couroux.
Le bon Sens fut toûjours mauvaise Compagnie,
Et je ne connois rien de si pesant que vous.

LE BON SENS.

La, ne disputons plus, on rira de nos prises;
Vous me chassez en vain, je n'en démordrai pas.
Vous avez du brillant, vous avez des appas,
Mais vous tombés souvent dans de fâcheuses chrises;
Le destin m'établit pour marcher sur vos pas,
Et pour regler vos entreprises.

L'ESPRIT.

Le destin, ne sçait ce qu'il dit,
Et de sa liberté mon ame est trop jalouse;
En vain de me guider votre orgueil s'applaudit.

LE GOUST *à part.*

C'est sans doute un mari qui gronde son Epouse.

LE BON SENS.

Je m'en raporte au Dieu du Goût;
Il va decider.

LE GOUST.

Point du tout.
Passez-vous de mon entremise,
On juge à vos discours que vous êtes Epoux;
Vivez tous deux à votre guise,
Le Goût assez souvent forme des nœuds si doux,
Mais bien plus souvent il les brise.

LE BON SENS.

Seigneur, nous ne suivons ni l'himen ni l'amour.

LE GOUST.

Mais cependant vous êtes en querelle.

LE BON SENS.

Un autre motif en ce jour
A mes desirs la rend rebelle ;
Elle est l'Esprit & je suis le bon Sens.
Pour être sans cesse avec elle
Je fais des efforts impuissans.
A ne me point quitter, contraignés la cruelle.

LE GOUST.

Quel mortel ou quel Dieu peut avoir ce credit ;
Peut-on persuader l'Esprit
Quand il loge chez une belle ?
Depuis quand n'est-il plus du sexe masculin ?

L'ESPRIT.

Moi ! Je n'en fus jamais, pas même en aparence;

LE GOUST.

Est-il possible ?

L'ESPRIT.

Oh rien n'est plus certain:
Je brille sans avoir recours à la Science,
J'éblouis par mon Eloquence,
Je parle du soir au matin
Sans trop sçavoir ce que je pense,
(Car l'esprit est trop vif pour passer au scrutin.)
C'est un feu pur, c'est une Quintessence
Dont l'effet est sûr & soudain.
Tirés vîte la Consequence
Vous verrez que je suis du sexe feminin.

LE GOUST.

Je reconnois assez l'Esprit de France.

LE BON SENS.

Il se sert d'un subtil détour ;
Dans un Cerveau de femme il ne fait son séjour ;
Que pour rendre par là ma poursuite inutile ,
C'est par cette raison qu'il veut s'y retirer ,
Il croit y trouver un azile
Où le bon Sens ne puisse penetrer.

L'ESPRIT.

L'homme n'est point doüé de l'Esprit veritable ;
Son orgueil l'en rend incapable.
Nous le voyons obscur dans ses discours ,
Recherché dans son stile , affecté dans ses tours,
Nous assommer d'un pompeux verbiage.
A forger de grands mots , il borne son sçavoir.
Cynique malheureux , & qui se dédommage
Du talent qu'il n'a point & qu'il voudroit avoir,
En versant du poison sur le plus bel Ouvrage.
Le veritable esprit est simple , affable , doux ,
Galand sans flatterie , & railleur sans médire ,
Du fond de l'ame il vous fait rire ,
Son entretien est fait pour tous ;
Il parle avec clarté , l'ignorant peut l'entendre ,
Il est leger , il est vif , il est tendre ,
Au sein de la Nature il puise sa splendeur ,
Toûjours brillant quoiqu'un peu variable ,
Et sur tout ne se croit aimable
Qu'autant qu'il sçait toucher le Cœur.

LE GOUST.

Des femmes à ces traits, je connois la Peinture ;
Mais par quelle triste avanture
L'Esprit & le bon Sens cessent-ils de s'aimer?

LE BON SENS.

De tout ouvrage il veut m'exclure,

L'ESPRIT.

C'est qu'il y veut toûjours primer.
Lui seul, sans mon secours, veut d'une Comedie
Faire mouvoir les principaux ressorts.
Son Comique est froid, il ennuie,
Pour amuser il fait de vains efforts,
Qu'il moralise, chacun baille.
Moi je plais, j'instruis & je raille ;
Mes discours sont legers, tous les siens sont pesans ;
Mes portraits quelquefois ne sont pas vrai semblables,
Mais ils sont vifs & seduisans ;
Les siens sont justes, raisonnables,
Mais toûjours froids & languissans.
Il m'excede, il me désespere.
Qu'un jeune homme, par mon secours,
Soit tout prêt de toucher une beauté severe,
Le bon Sens vient, ses sots discours
Ecartent les plaisirs, déroutent les amours ;
La beauté réflechit & redevient austere.
Il m'a cent fois joüé de pareils tours.

LE GOUST.

Ce n'eſt point le bon Sens qui doit vous faire obſtacle
Dans l'attaque d'un jeune cœur ;
Raiſonne-t-il dans ſa brûlante ardeur ?
Non, ſon penchant eſt ſon unique oracle ;
Et s'il arrive enfin qu'a ſon vainqueur
Il échape, par un miracle,
C'eſt l'ouvrage de la pudeur.

LE BON SENS.

Vous voyez comme il prend le change ;
Et que ſans moi ſon Jugement,
(Si je ne le guide & l'arrange,)
Eſt en défaut à tout moment.
C'eſt ſur-tout dans le Dramatique
Qu'il a le plus beſoin de moi ;
Et c'eſt là juſtement qu'on diroit qu'il ſe pique
De ne point connoître ma loi.
Ne reconnois-je pas moi-même ſa puiſſance ?
J'aime & j'admire ſes talens
Qu'il ſe conduiſe avec prudence,
Qu'il ſoit intereſſant, mais jamais aux dépens
De la raiſon & de la vrai-ſemblance ;
Qu'il obſerve ſur tout l'exacte bienſéance
Et qu'elle ſoit ſon principal objet ;
Qu'il évite avec ſoin toute expreſſion louche ;
Qu'aucun mot à deux ſens ne ſorte de ſa bouche,
Qu'avec poids & meſure, il ſuive ſon projet

Que

Que tout y ſoit relatif au ſujet.
Je conſens que dans ſes ouvrages
Le plaiſant regne & critique les mœurs;
Mais que ce ſoit après avoir rempli les cœurs;
Par des préceptes vrais & des maximes ſages.

LE GOUST.

Vos principes ſont ſûrs, & je veux prendre ſoin
De vous remettre bien enſemble;
Qu'à jamais le Goût vous raſſemble.

L'ESPRIT.

Seigneur, il n'en eſt pas beſoin:
Et pour joüir d'une gloire ſuprême,
Ce n'eſt point au bon ſens qu'il faut avoir re-
cours;
Sans emprunter d'inutiles ſecours,
L'Eſprit ſe ſuffit à lui-même.
Je pourrois vous citer mille endroits favoris,
Qui ſont le charme de Paris,
Et que le froid bon ſens impunément condamne.

LE GOUST.

Cela m'étonne.

L'ESPRIT.

Il me chicanne
Sur tout ce que je fais; ſur tout ce que j'écris;
Il m'épiloque, il me ſupute,
Il me taxe de faux brillant;
Ce que je dis de plus ſaillant
A ſes mépris ſe trouve en bute;
En un mot il me perſecute.

LE GOUST.

Quels ſont ces beaux endroits qu'il blâme injuſtement ?

L'ESPRIT.

Je vais les reciter ; écoutez je vous prie.

LE GOUST.

Oui, j'écoute attentivement.

L'ESPRIT.

Ce ſont des vers de Tragedie.
„ La honte fait ſentir je ne ſçai quels remords,
„ Qui du tiran des cœurs ſont les traits les plus forts.

LE GOUST.

La honte fait ſentir des remords. . . . . Mais quel conte !
Les remords à leur tour font ſentir de la honte,
Et le tiran des cœurs ne ſe ſervit jamais
De honte & de remords en guiſe de ſes traits.

L'ESPRIT.

„ Préjugés malheureux ! éclatante chimere !
„ Que l'orgüeil inventa, que le foible revere.

LE GOUST.

Voilà du beau !

L'ESPRIT.

Vraiment.

LE GOUST.

Les cerveaux bien rangez
Ont droit de ſecouer le joug des préjugés.

L'ESPRIT.

„ Par-tout, comme un captif que poursuit le
suplice,
„ Et qui du monde entier s'est fait un précipice.

LE GOUST.

Misericorde!

L'ESPRIT.

Quoi, vous ne m'admirez pas?
Peut-on mieux vous tracer l'horreur qui suit le
crime?

LE GOUST.

Vous prenez l'hyperbole ici, pour le sublime.
Sont-ce là les endroits qui font tant de fracas?

L'ESPRIT.

Sans peine vous devez le croire.
Ces Vers sont par-tout admirez,
Chacun les a gravés dans sa memoire;
Et de les avoir inspirez,
Le bon sens n'eût jamais la gloire.

LE GOUST.

Mais ... ni l'esprit non plus.

L'ESPRIT.

Vous vous le figurez.

LE GOUST.

Je dis ce que je pense, ils ne sçauroient me plaire,
Leur pompe obscure vous séduit,
Mais leur faux jour frappe plus qu'il n'éclaire;
Et la reflexion à l'instant le détruit.

L'esprit qui regne est vif, est agréable,
Mais la folie est à côté de lui;
Le bon sens est très-respectable,
Mais il tient de près à l'ennui.
Lorsqu'emporté par votre pétulence,
Vous prendrez un peu trop l'essort,
Alors je charge sa prudence
De moderer votre transport;
Et lorsque le bon sens, raisonneur politique,
Assoupira par ses discours abstraits,
Pour prévenir un sommeil létargique,
Il vous sera permis de lancer tous vos traits.
Il faut ensemble vous remettre
Comme l'on vous voyoit dans le tems ancien;
L'esprit seul me paroît Métaphysicien,
Et sans lui, le bon sens me paroît Géometre.

L'ESPRIT.

Et le bon goût, s'il veut me le permettre,
Est mal nommé.

LE GOUST.

Je le veux bien.

LE BON SENS.

Cela me paroît à la lettre.

LE GOUST.

Je vous ai mis d'accord, ah! que je suis heureux!

L'ESPRIT.

Oui, oui, d'accord sur votre compte,
Mais le bon sens n'en est pas moins fâcheux.

LE BON SENS.

Se peut-il que rien ne le dompte.

L'ESPRIT *au Goût.*

Adieu, je vais cesser de vous incommoder.
Nous sommes tous trois d'une espece,
A ne pouvoir nous accorder.
Je ne suis pas d'humeur à me laisser guider,
Le bon sens manque de finesse,
Et souvent le bon goût sçait fort mal décider.

LE BON SENS.

Allons, courage, il moralise;
Nous pourrons en venir à bout.

LE GOUST.

Oh! j'abandonne l'entreprise.

L'ESPRIT.

La reverence au bon sens, au bon goût.

LE BON SENS *marchant lentement.*

Mais attendez-moi donc, je vous suis.

L'ESPRIT *fuyant.*

Bagatelles,
Il faut être plus vif pour attraper les belles.

Il sort.

SCENE V.

LE GOUST, ARLEQUIN.

ARLEQUIN.

SEigneur, c'est en tremblant que j'approche
de vous,
Je crains de votre part quelque triste apostrophe,
Les complimens flateurs & doux
Ne sont pas faits pour gens de mon étoffe.

LE GOUST.

De quelque rang que vous soyez,
Si vos talens meritent mon suffrage,
Avec succès ils seront employez,
C'est ici qu'on leur rend hommage.

ARLEQUIN.

Mais, je suis Arlequin, tel que vous me voyez.

LE GOUST.

Je vous connois.

ARLEQUIN.

A mon visage?

LE GOUST.

Même plus que vous ne croyez.

ARLEQUIN.

Qui l'auroit dit, c'est le premier voyage
Que l'on m'ait vû faire en ces lieux.

LE GOUST.

Vous y venez ſouvent.

ARLEQUIN.

Bon, bon, vous voulez rire,
C'eſt donc ſans le ſçavoir.

LE GOUST.

Vous n'en valez que mieux.

ARLEQUIN.

Par ma foy, je ne ſçai que dire.

LE GOUST.

Allons, raſſurez-vous.

ARLEQUIN.

Tope, je le veux bien,
Car vous me paroiſſez d'un aimable entretien.

LE GOUST.

C'eſt trop d'honneur que vous me faites.

ARLEQUIN.

Pardonnez-moi, votre maintien
Annonce d'abord qui vous êtes.

à part.

Il faut lui rendre ſes ſornettes.

LE GOUST.

Quel ſujet vous conduit ici?

ARLEQUIN.

Je n'en ſçai rien.
Vous ſçavez que ce qui nous guide,
N'a pas toujours d'objet déterminé,
Et ſouvent l'homme eſt entraîné

Par un je ne sçai quoi, qui de son sort décide.

LE GOUST.

Comment donc, ce discours n'est pas si mal tourné.

ARLEQUIN.

Pourquoi le seroit-il ?

LE GOUST.

J'y trouve du solide.

ARLEQUIN.

Dans tout ce que je dis la morale préside.

LE GOUST.

Il est plaisant, il faut s'en rejoüir.

ARLEQUIN.

Que dites-vous ?

LE GOUST.

Qu'on goûte à vous oüir
Une joye, en tout point complete.

ARLEQUIN.

Hé bien vous pouvez en joüir.

LE GOUST.

Je ne m'étonne pas que dans cette retraite;
La Critique vous ait sur le champ introduit.

ARLEQUIN.

Que me parlez-vous de Critique ?
Quoi, c'est elle qui m'a conduit. . . .

LE GOUST.

N'en doutez point.

ARLEQUIN.

La Fanatique !

Qu'en faites-vous ?

LE GOUST.

Son œil judicieux

Sçait distinguer le faux d'avec le vrai merite.

ARLEQUIN.

Je ne puis rester en ces lieux,

Seigneur, souffrez que je vous quitte.

LE GOUST.

Pourquoi ?

ARLEQUIN.

Je suis son ennemi juré,

Elle me chercheroit ici quelque querelle ;

Contre sa morsure cruelle,

Il n'est point d'azile assuré.

LE GOUST.

Je vous entens ; de quelques Comedies ;

Elle aura fait le malheureux succès.

ARLEQUIN.

Ses déloyales perfidies

De plus de mille ont causé le decès ;

Et ne font grace, en leur fâcheux accès,

Qu'aux Operas, ou bien aux Tragedies.

LE GOUST.

Elle y devroit regarder de plus près.

ARLEQUIN.

Aussi pour me venger de sa jalouse rage,

Je me suis servi d'un moyen.

J'ai quitté le métier.

LE GOUST.

C'est vraiment grand dommage.

ARLEQUIN.

Mais pas trop grand, car nous ne faisions rien.
Ma fortune étoit mince & frêle,
Nous nous tuyons en vain à donner du nouveau,
L'ingrat Public méprisoit le cadeau,
Et nous tombions dru comme grêle.

LE GOUST.

Pourquoi receviez-vous des ouvrages douteux ?
C'est à vous à juger de ce qu'ils doivent être.
Dans le fond n'est-il pas honteux,
Que des Comediens qui devroient s'y connoître ? . . .

ARLEQUIN.

Ce raisonnement est piteux,
Il me feroit sauter par la fenêtre.

LE GOUST.

Comment ?

ARLEQUIN.

Quoi, vous croyez que l'on puisse prévoir,
Le veritable effet qu'une piéce doit faire ?
Que des Comediens, dans leur petit Manoir,
Donnent un jugement qui puisse prévaloir
Sur celui d'un Public que le bon goût éclaire ?

LE GOUST.

Que ne vous entend-il.

ARLEQUIN.

Bon, quand il m'entendroit,
En seroit-il plus benevole?
Je l'ai flaté, loué, mille fois dans mon rôle,
Il regardoit cela comme de droit,
Dans l'instant je lui semblois drôle,
Et puis il me sifloit dans le premier endroit.

LE GOUST.

L'injustice étoit trop criante.
Et que faites-vous à présent?

ARLEQUIN.

Moi, je bois, je ris, & je chante;
C'est un métier assez plaisant.

LE GOUST.

Et quels passe-tems sont les vôtres?

ARLEQUIN.

A table du soir au matin,
J'y joüis d'un heureux destin;
On ne m'y sifle point, & j'y sifle les autres.

LE GOUST.

Etre toujours à table....

ARLEQUIN.

Où peut-on être mieux?

LE GOUST.

On doit se refuser aux plaisirs vicieux.

ARLEQUIN.

Le plaisir aux humains est un mal nécessaire.
Ce paradoxe est une verité;

Le plaisir est un mal, puisqu'il nous est contraire;
Mais puisqu'il fait notre félicité,
Ce mal devient pour nous une nécessité.

LE GOUST.

Votre morale est peu severe.

ARLEQUIN.

L'humanité ne l'aime point amere.

LE GOUST.

Je veux pourtant vous donner à choisir
Dans tous les Arts qui sont sous ma puissance;
Car l'homme est absorbé par un honteux loisir.

ARLEQUIN.

Bon, bon, le tems passe sans qu'on y pense,
Bien souvent on le perd, en croyant l'employer;
Pourquoi donc prendre une peine inutile,
On n'a qu'à demeurer tranquille,
On ne sçauroit se fourvoyer.

LE GOUST.

Voulez-vous être Peintre?

ARLEQUIN.

Oh non, je vous assure;
Les pauvres gens, que je les plains!
En les louant on les censure,
Il manqueroit à mes desseins,
Le Coloris de la nature,
Et la Palette de Rubens.
Enfin tous ces ingrediens
Me degoûtent de la peinture.

LE GOUST.

C'est pourtant un Art merveilleux.
D'une amante éloignée il adoucit l'absence,
Et les traits d'une aimable & juste ressemblance,
Consolent le coeur par les yeux.

ARLEQUIN.

La douleur par cet Art ne peut-être adoucie.
Un Portrait irrite le mal ;
Car la beauté de la copie
Fait regretter l'original.

LE GOUST.

Aimeriez-vous mieux la musique ?

ARLEQUIN.

Non, car ma voix n'est qu'un faucet ;
Et d'ailleurs c'est un Art que personne ne sçait ;
Et que tout le monde critique.
La musique n'est point mon fait.

LE GOUST.

Nos sens sont enyvrés des sons qu'elle procure ;
Elle exprime du cœur les divers mouvemens ;
Donne la vie à tous les sentimens,
Qu'on a reçûs de la nature ;
Son harmonie & sa douceur,
Font naître la tendresse, inspire la langueur,
La beauté la plus insensible
Ne sçauroit échaper à ses impressions,
Le charme d'une voix flexible,
Ouvre notre ame aux passions,

ARLEQUIN.

Seigneur, vous dites des merveilles;
Mais chez moi la Musique est toûjours dans son tort,
Une voix flatteuse m'endort.
Ou le trop grand tapage étourdit mes oreilles.

LE GOUST.

Je veux pourtant vous faire un heureux sort;
Et je prétens payer votre visite.

ARLEQUIN.

Vous voilà bien embarassé,
Que ne me donnez-vous quelque piéce d'élite,
Qui puisse du public en fuite,
Faire pour nous un public empressé.

LE GOUST.

Mais vous avez quitté la Comédie.

ARLEQUIN.

Parsambleu je la reprendrai,
Assûrez-moi d'une piéce applaudie;
Sur le champ je reparoîtrai.

LE GOUST.

Vous demandez bien des affaires;
Une piéce applaudie!

ARLEQUIN.

A quoi bon ces misteres,
Le Dieu du Goût peut-il rester court sur ce point?

LE GOUST.

Le Dieu du Goût les juge & n'en fait point.

ARLEQUIN.

Vous en parlez bien à votre aise ;
Vôtre distric est curieux !
Vous pouvez donc trouver une chose mauvaise ;
Sans avoir l'art de faire mieux ?

LE GOUST.

Sans doute.

ARLEQUIN.

Et moi je dis que pour se bien connoître,
A ce qu'on blâme ou ce qu'on veut loüer,
Il y faut être passé maître,
Ou que l'on doit se faire baffoüer.

LE GOUST.

On peut juger de tout même avec certitude,
Sans que l'on ait les regles pour garans,
Le bon goût est un don & non pas une étude.

ARLEQUIN.

C'est donc le lot des Ignorans ?
Je vous croyois enfant de la science,
Et nourri par l'experience :
Mais je viens de toucher l'écueil,
Je vous soutiens en conscience,
Enfant de la paresse & bercé par l'orgueil.

LE GOUST.

Ainsi paroît le goût dans certains personnages.
Je suis très-satisfait de vos raisonnemens,
Oüi, l'on doit mépriser le blâme ou les suffrages
De ceux qui n'ont pour avantages

Que beaucoup de respect pour tous leurs sentimens.

Lorsque l'on veut sur des ouvrages,
Hazarder quelques jugemens,
C'est sur l'étude & des principes sages;
Ou du moins sur les bons usages,
Qu'on doit jetter leurs fondemens.

ARLEQUIN.

Je suis très-satisfait de vos enseignemens.

LE GOUST.

Retournez à Paris qu'un doux espoir vous guide;
Vous y verrez des nouveautez.

ARLEQUIN.

Chez nous !

LE GOUST.

Assûrement.

ARLEQUIN.

Vous me le promettez.

LE GOUST.

Oüi.

ARLEQUIN.

Sera-ce du bon ?

LE GOUST

Peut-être.

ARLEQUIN.

Ou du perfide.

LE GOUST

Cela se pourroit bien.

ARLEQUIN

ARLEQUIN.

Que vous m'inquiétés. . . .

Prononcés donc.

LE GOUST.

Mes arrêts sont dictés,

Je ne suis que l'écho, le spectateur décide.

Arlequin sort.

SCENE VI.

LE GOUST, LE FAUX GOUST.

LE FAUX GOUST *à la Cantonnade*.

PReparez-vous, dans un moment
On commencera cette fête.

LE GOUST.

Quel est le Cadeau qu'on m'apprête?

LE FAUX GOUST, *à la Cantonnade*.

Je veux au Dieu du Goût dans ce Temple charmant,

Faire voir un essai de vos talens aimables.

LE GOUST.

Ah! ah! c'est mon reformateur.

LE FAUX GOUST, *à la Cantonnade*.

Que vos pas séduisans, que vos chants admirables

Signalent à l'envi votre apretiateur.

Meritez le ſuprême honneur.
D'être admis par mes ſoins dans ces lieux reſ-
pectables,
Et de m'avoir pour Protecteur.

LE GOUST.

Je n'en doute point, c'eſt lui-même.

LE FAUX GOUST.

Tout m'annonce le Dieu qui préſide aux beaux
arts,
Je le ſens à la joïe extrême,
Que dans mon cœur repandent ſes regards;
Embraſſez-moi, Seigneur.

LE GOUST.

Un tel accuëil m'étonne.

LE FAUX GOUST.

Ne ſoyez point ſurpris des doux tranſports,
Où mon amitié s'abandonne;
Je tiens à vous par de ſecrets reſſorts,
Qui dans ce moment ſont plus forts,
Que l'éclat qui vous environne.
Mais à propos d'éclat, pourquoi dans ce Palais,
Trouvai-je tout en ſa forme ordinaire?
Ces jours paſſez j'y vins exprès,
Pour l'arranger de toute autre maniere.

LE GOUST.

Vous auriez pû vous épargner les frais
D'un voyage peu neceſſaire.

LE FAUX GOUST.

Je ne pouvois, à l'univers,
Rendre un plus signalé service.
Je l'ai fait revenir de cent mille travers,
Où le jettoit un aveugle caprice.
Il admiroit avec stupidité
Des choses dont j'ai peint la valeur intrinseque
Et qu'il méprisera dans la prosperité.

LE GOUST.

Vous avez eu la charité
De réduire en brochure une Bibliotheque,
C'est tout.

LE FAUX GOUST.

Et j'ai bien fait en verité:
Il croyoit posseder des richesses immenses;
Mais il ne respectoit que des impertinences.
Ma raison a dû l'affranchir,
De ce fatras d'extravagances:
L'en dépoüiller c'est l'enrichir.

LE GOUST.

Vous avez fait de fort belles proüesses.
Voilà le vrai traité du mépris des richesses.

LE FAUX GOUST.

Je n'ofusque point ma raison
Du bandeau de l'exemple & de l'opinion.

LE GOUST.

C'est mal rimer.

LE FAUX GOUST.

Bon, bon, qu'importe!
Les traits de feu perdent tout leur éclat,
Quand un Auteur est assez fat,
Pour ralentir l'ardeur qui le transporte;
En s'attachant à la rime en forçat;
L'expression doit être la plus forte,
Lorsque la rime la combat.

LE GOUST.

Pour moi, je crois qu'en chaque chose;
C'est la regle qui doit primer,
Et que l'on peut écrire en prose
Lorsque l'on veut ne point rimer.

Montrant les Statuës de Corneille & de Racine.

Ces Maîtres qu'Apollon prit le soin de former;
N'ont merité l'apoteose,
Dans la noble chaleur, qui sçut les animer,
Que par la rime exacte & l'art de s'exprimer.

LE FAUX GOUST.

Ces Maîtres, selon vous, n'ont point fait de bevues?

LE GOUST.

Elles me sont presque inconnues;
Songez que l'un des deux est l'Auteur de Cinna.

LE FAUX GOUST.

En même tems celui de Surena.

LE GOUST.

Que de Britannicus son Emule est le Pere,

LE FAUX GOUST.

Il fit aussi Berenice, je croi.

LE GOUST.

Oui, sans doute.

LE FAUX GOUST.

Il me désespere !
De certaine prévention
Vous me paroissez susceptible ;
Songez qu'il n'est guére possible
De loüer sans restriction ;
Et que trop d'adulation,
A tout écrivain est nuisible ;
Faites-y quelque attention.

LE GOUST.

Pour les auteurs vivans votre réflexion
Me paroîtroit assez plausible ;
Mais ceux qu'on voit en ce séjour
Doivent y recueillir, sans aucune amertume,
Les fruits que leur sçavante plume
Leur cultivoit quand ils voyoient le jour.
Notre respect est legitime,
Pour tout Poëte reveré,
Eût-il même souvent erré :
Ce qu'il fit de mauvais n'ôte rien à l'estime
Qu'on doit à l'homme consacré.

LE FAUX GOUST.

Quand le coupable est mort, vous pardonnez le crime ;

Pourquoi faut-il que les vivans
Soient plus sujets à la censure ?

LE GOUST.

Pour les rendre humbles & sçavans,
Et les faire passer à la race future.

LE FAUX GOUST.

Est-ce en les chicannant qu'on les y conduira ?
Un tel discours m'outre & m'irrite.
Un habile homme paroîtra,
A peine pourra-t-on concevoir son merite,
Et cependant on le critiquera !
Du respect, du respect, pour ces fameux génies,
Que la nature à peine en un siécle produit ;
Critiques qui niés leurs clartés infinies,
C'est vouloir vous priver du Soleil qui vous luit.

LE GOUST.

Vous venez vous-même de dire
Qu'il faut loüer modestement,
Que l'adulation peut nuire.

LE FAUX GOUST.

Oui, de certains sujets qu'il faut encore instruire ;
Mais il en est qu'on doit loüer aveuglement,
Qui ne tiennent jamais que des routes certaines,
Quoiqu'ils volent toujours au-dessus du commun.

LE GOUST.

Ils sont rares.

LE FAUX GOUST.

Vraiment ce sont des Phénomenes.

LE GOUST.

Avouez-le entre nous, vous n'en connoissez
qu'un ?

LE FAUX GOUST.

Sans que là-dessus je m'explique,
On ne respecte point ces demi Dieux mortels.
L'Envie, au regard Fanatique,
Soüille & renverse leurs Autels;
Font-ils un livre, on le critique.
Ces Parodistes éternels,
Dont je voudrois exterminer la clique,
Portent les coups les plus cruels
Aux endroits les plus beaux d'un sujet dragmatique;
Et ce même Public, facile à s'égarer,
Après avoir donné des larmes
A ces endroits qu'il devroit réverer,
A rire à leurs dépens trouve les mêmes charmes,
Qu'il trouvoit à les admirer.

LE GOUST.

Prétendez-vous que le Public révere
Une vaine & folle chimere,
Qu'il ira voir pour s'amuser,
Et qu'il s'en fasse une importante affaire
Lorsque l'illusion cesse de l'abuser ?

LE FAUX GOUST.

Vous voulez en vain l'excuser.

Il regarde les statuës des Femmes Illustres.

Vous avez donc toujours ces femmes?

LE GOUST.

Vraiment, Seigneur, n'en doutez pas.
Mon temple est le séjour des dames,
Et ce sexe charmant doit enchanter nos ames,
Par son esprit comme par ses appas.
Celles que vous voyez, de la noble élegance,
Des tours choisis & du stile épuré,
Ont poussé l'art à son dernier degré;
Ce sont les Muses de la France.

LE FAUX GOUST.

C'est fort bien fait; mais, je ne vois
Aucun auteur vivant, pourquoi donc, je vous prie?

LE GOUST.

Non, c'est ma politique, & je sais bien, je crois.
Les bons auteurs vivans ont de la modestie,
Et les mauvais condamneroient mon choix.
Vous regardez avec plaisir, Moliere.

LE FAUX GOUST.

Ce plaisir va jusqu'au transport;
Vous conviendrez pourtant qu'il eut un peu tort,
Et qu'il donna dans l'esprit populaire.

LE GOUST.

Il eut ses raisons pour le faire,
Il falloit quelquefois grimacer de son tems;

Et ce grand homme a rempli tout l'espace
Du comique burlesque, aux plus nobles accens.

LE FAUX GOUST.

Mais votre Rabelais que vous mettez en face,
Quel rang a-t-il sur le Parnasse?

LE GOUST.

Il me réjouit fort dans de certains instans;
A lui seul appartient une façon d'écrire,
Qui doit avoir son prix à part:
Divers chemins ici peuvent conduire,
Chez lui le singulier est chef-d'œuvre de l'art.

LE FAUX GOUST.

Vous lui tenez grand compte de la peine
Qu'il s'est donnée à nous paroître obscur.
Quoi, son stile diffus & dur?...

LE GOUST.

Consolez-vous en voyant La Fontaine.

LE FAUX GOUST.

S'il étoit un peu plus succint,
J'aimerois assez son instinct.

LE GOUST.

Son instinct! quelle frénesie!
C'est donc ainsi que vous traitez
Les graces de la poësie,
Et ses plus naïves beautez?

LE FAUX GOUST.

Ici Marot! oh la doze est trop forte,
Et je ne sçaurois y tenir.

LE GOUST.

Quelle fureur contre lui vous transporte ?

LE FAUX GOUST.

Son éloge doit le ternir.
» Ami Marot, l'honneur de mon pupitre,
» Mon premier maître, acceptez cette épître.

LE GOUST.

Mais par un grand esprit cet éloge fut fait.

LE FAUX GOUST.

Oh, je ne conviens pas du fait ;
Mais terminons cette dispute.
Je viens ici vous régaler,
Et de sujets qu'on ne peut égaler ;
Mon attention vous recrute :
En danses, en chansons ils vont se signaler.
Je ne crois pas que le Goût les rebute,
Car imaginez-vous qu'on se connoît à tout ;
Musique, danse, architecture,
Algebre, sculpture, peinture,
Tout dans mon cerveau se résout.
Il n'est rien dont je ne me pique,
Lyrique, dramatique, épique,
Prose, vers, hebreu, grec, latin,
Histoire, Fable, Politique
Et phisique & métaphisique.

LE GOUST.

Oh vos talens n'ont point de fin.

LE FAUX GOUST.

Pour un ſeul moment je vous quitte
Et je reviens avec mes gens d'Elite.

Examinant l'Autel.

Virgile, Horace, Homere, Anacreon;
Mais vraiment vous parés votre autel à merveilles,
Et ce temple eſt un Pantheon.

LE GOUST.

Je ſavoure à longs traits leurs précieuſes veilles.

LE FAUX GOUST.

Mais il leur étoit bien aiſé
De faire d'excellens ouvrages.
Ces meſſieurs dans l'eſprit, les premiers ont puiſé,
Leur falloit-il de plus grands avantages?
Ils ſe ſont emparés du bon & du nouveau,
N'ont point voulu ce qui nous reſte;
Par conſequent ce qu'ils ont fait de beau
Aux auteurs d'apreſent eſt un vol manifeſte.

Il ſort.

SCENE VII.

LE GOUST, LA CRITIQUE.

LA CRITIQUE.

EH bien, Seigneur, vous ne vous plaindrés pas,
Je vous ai procuré fort bonne compagnie ;
Et si d'en voir encor vous avez quelque envie
Je vais chercher des gens que j'ai laissé là bas.

LE GOUST.

Renvoyez-les, car je vous certifie
Que je ne fus jamais si las.

LA CRITIQUE.

Mais des honneurs les plus insignes
Ces aspirans se croyent dignes ;
En vain mes discours rebutans
De ce palais ont voulu les exclure,
Ils appellent de ma censure,
Et d'eux mêmes sont très-contens.

LE GOUST.

Je le crois bien.

LA CRITIQUE.

Le peintre est un Apelle,
Le musicien un Lulli,
Mais le poëte seul ne ressemble qu'à lui.

LE GOUST.

Et l'historien est fidelle.
Défaites moi de ces importuns-là;

LA CRITIQUE.

Je vais leur reciter la fable que voilà.

FABLE.

Sa bonne opinion.

Le ſouverain des Dieux aux premiers ans du monde,
Pour rendre les mortels fortunés & contens,
Produiſit d'une main feconde
Et les vertus & les talens.
Pour les chercher, chacun court & s'empreſſe;
Le ſçavoir, le bon goût, l'eſprit, & la fineſſe,
Dès premiers arrivez furent bientôt la part;
Tous les autres humains vinrent un peu trop tard.
Il ne reſtoit plus rien; mais pour les ſatisfaire
Jupiter leur donna la bonne opinion.
Tous ſe crurent parfaits, tous crurent ſçavoir plaire :
Cette heureuſe préſomption
Les dédommagea du contraire.

LE GOUST.

Cette Fable eſt plaiſante & faite pour nos gens.

LA CRITIQUE.

Mais du moins recevez les danſes & les chants
Que le faux Goût a pris ſoin de conduire.
Entreront-ils?

LE GOUST.

Oüi, j'y conſens.
Pourvû qu'ils puiſſent faire rire.

DIVERTISSEMENT.

LE FAUX GOUST *chante.*

DEs talens admirés, faisons voir le modelle,
N'imitons point l'antiquité,
Animons nous d'une audace nouvelle.
Fille de la vivacité
Banissons de nos jeux la langueur éternelle
De la froide simplicité.

Que la musique soit bruyante;
Que la chanteuse triomphante
Eleve sa voix en éclats,
Et que la danseuse brillante,
Fuiant la grace non non-chalante,
Etonne par des entrechats.

On danse.

DUO.

QUE chacun suive son idée,
Le goût est au dessus des loix.
Que par ses mouvemens, la raison soit guidée,
A ce qui lui déplaît il refuse sa voix,

Il approuve ou blâme à ſon choix
Et ſans reflexion la palme eſt accordée.
Un moment établit ſes droits.

On danſe.

VAUDEVILLE.

LA CRITIQUE.

QU'un Rimeur s'encourage
A produire un ouvrage
Qui brille dans Paris.
C'eſt mon avis.
Mais quand la piece eſt faite,
La trouver imparfaite,
La chicanner en tout:
Voilà mon Goût.

LE PETIT MAISTRE.

Que l'homme de finance,
Près de Fanchon dépenſe,
Pour vaincre ſes mépris.
C'eſt mon avis.
Dès qu'il ſort de chez elle,
Aller trouver la belle,
Qui me prefere à tout:
Voilà mon Goût.

LA JEUNE FILLE.

Qu'un tendre amant s'empresse
A montrer la tendresse
Dont son cœur est épris,
C'est mon avis.
Mais que son feu s'augmente
Quand sa flâme constante
A la fin nous résout,
Voilà mon Goût.

LE SUISSE.

Que le confise aimable
Toûchours riant à table
Chante avec ses amis,
C'est mon afis.
Mais quand ché pris séance
Sablir à toute outrance
Poussir la case à bout:
Voilà mon Goût.

ARLEQUIN.

Qu'aux Fauxbourgs le parterre
Fasse aux humains la guerre,
Qu'ils ne soient point suivis,
C'est mon avis.
Que chez vous plus traitable;
Le Public favorable
Vienne en foule au mois d'Août,
Voilà mon Goût.

FIN.

www.ingramcontent.com/pod-product-compliance
Ingram Content Group UK Ltd.
Pitfield, Milton Keynes, MK11 3LW, UK
UKHW021004220726
13924UKWH00002B/897

9 782019 945862